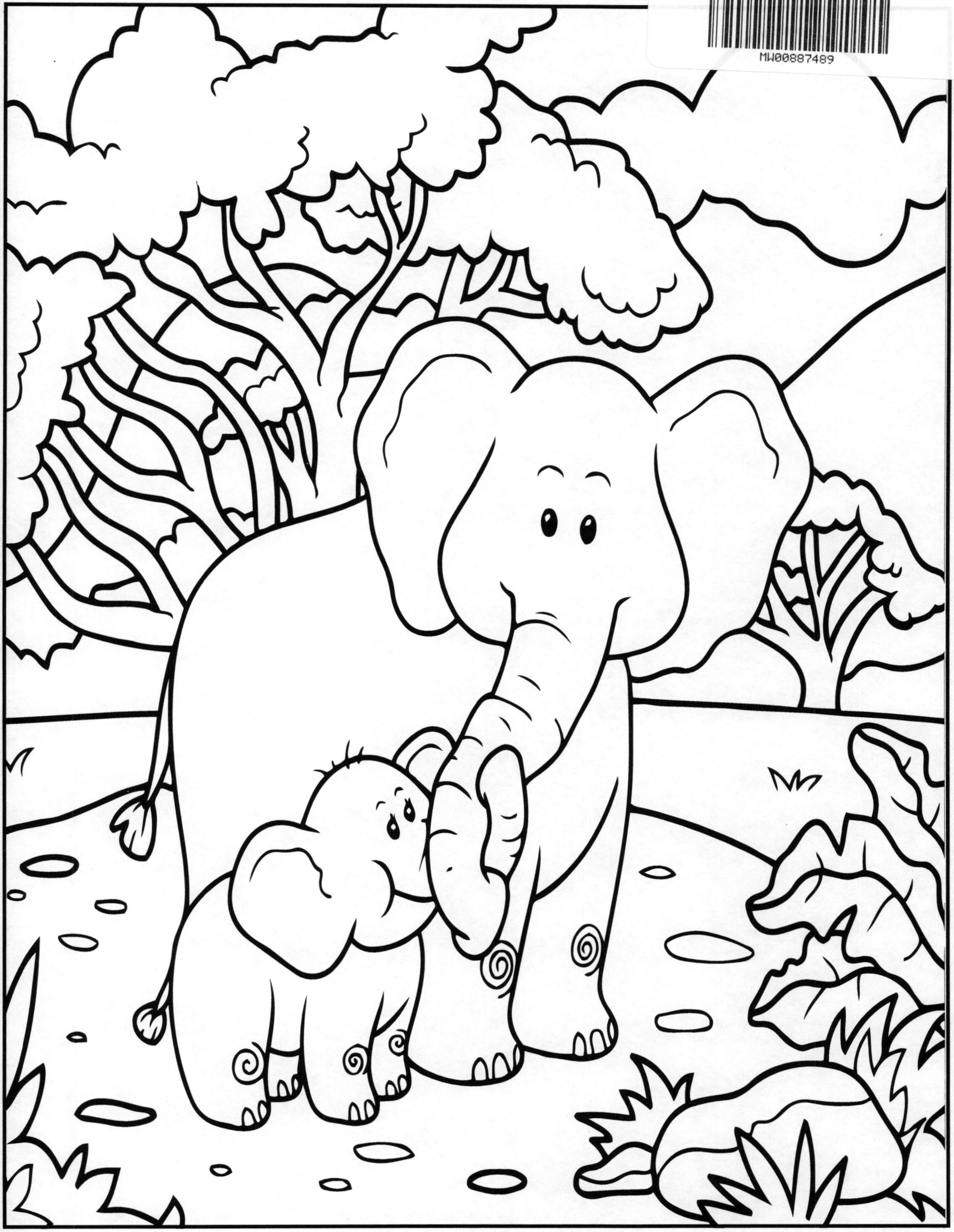

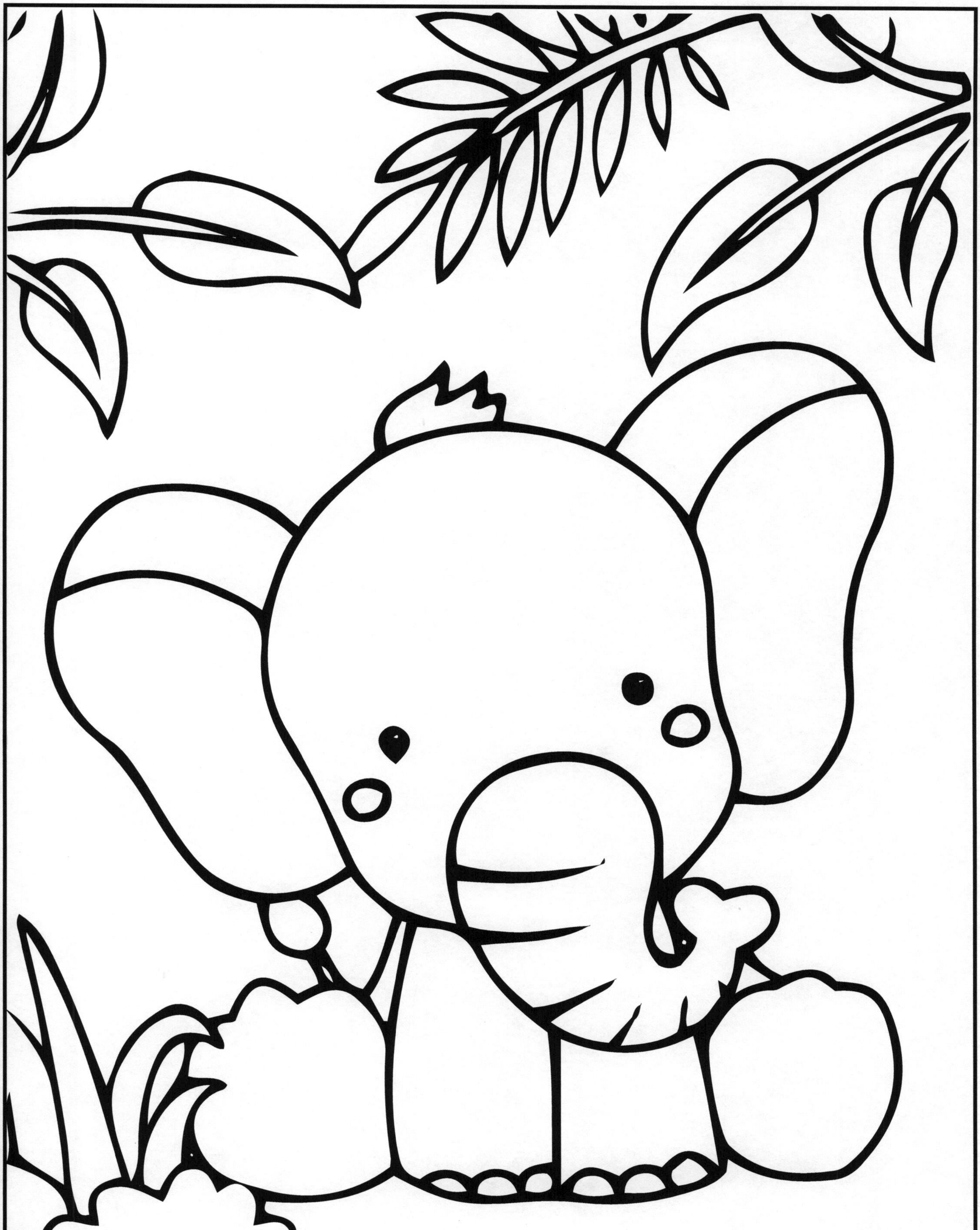

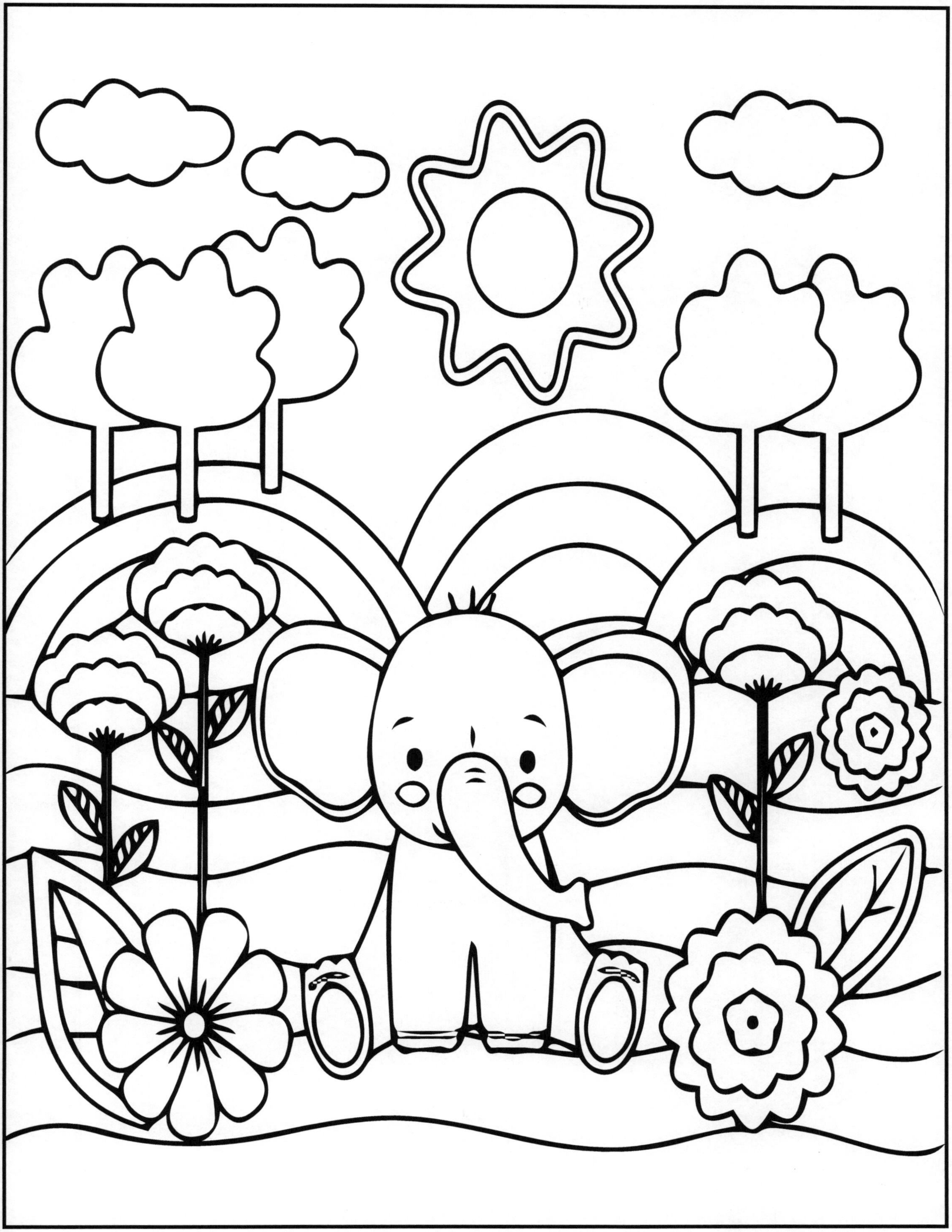

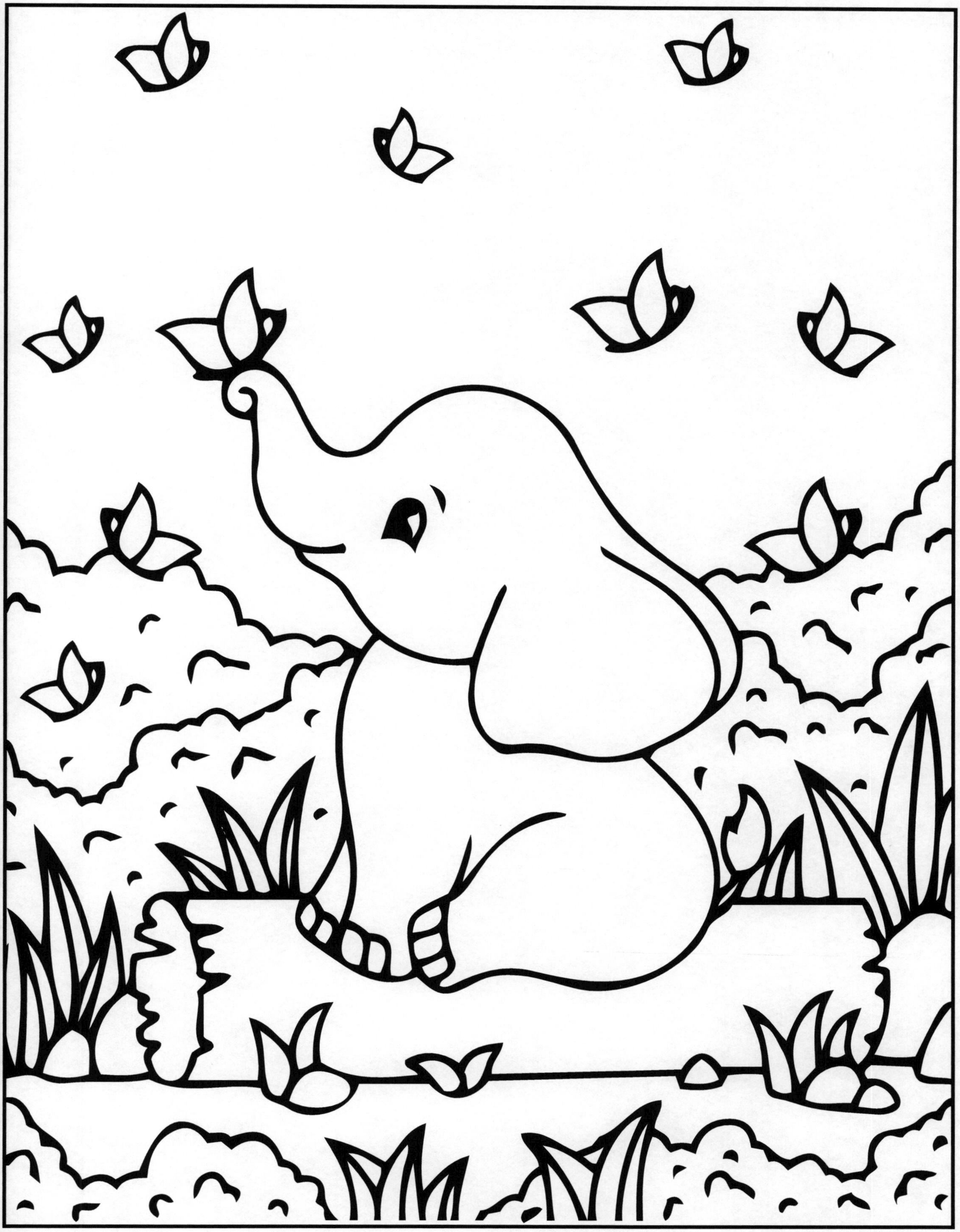

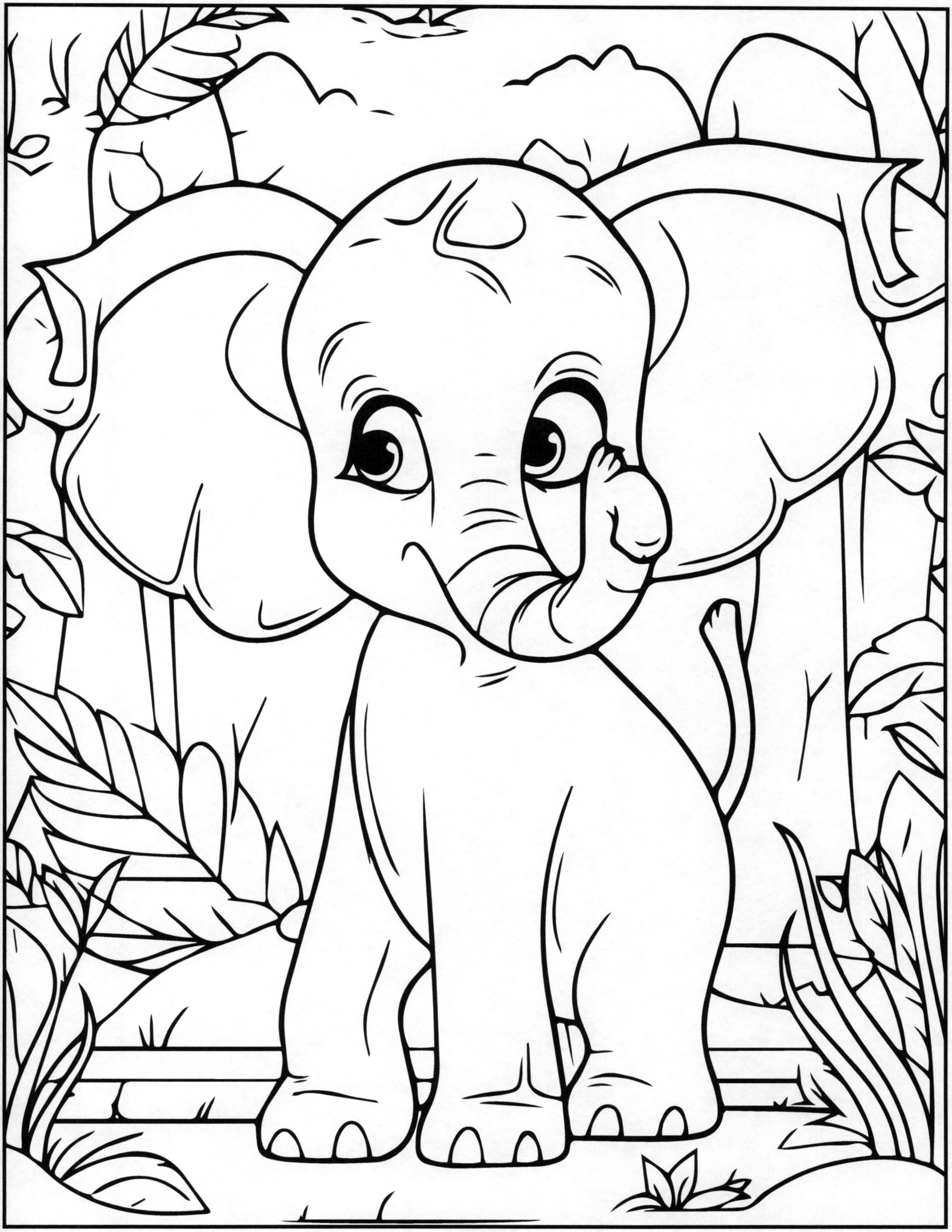

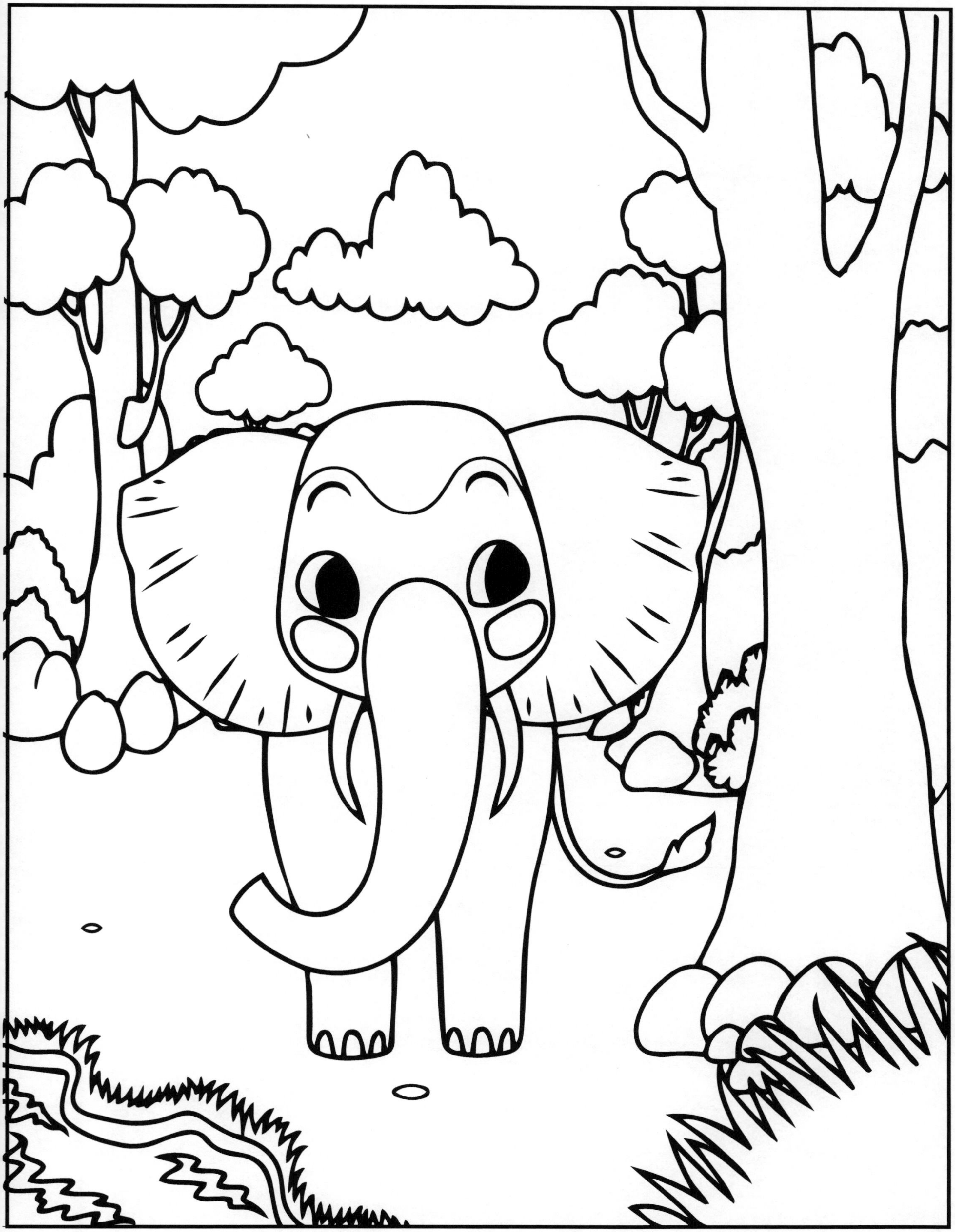

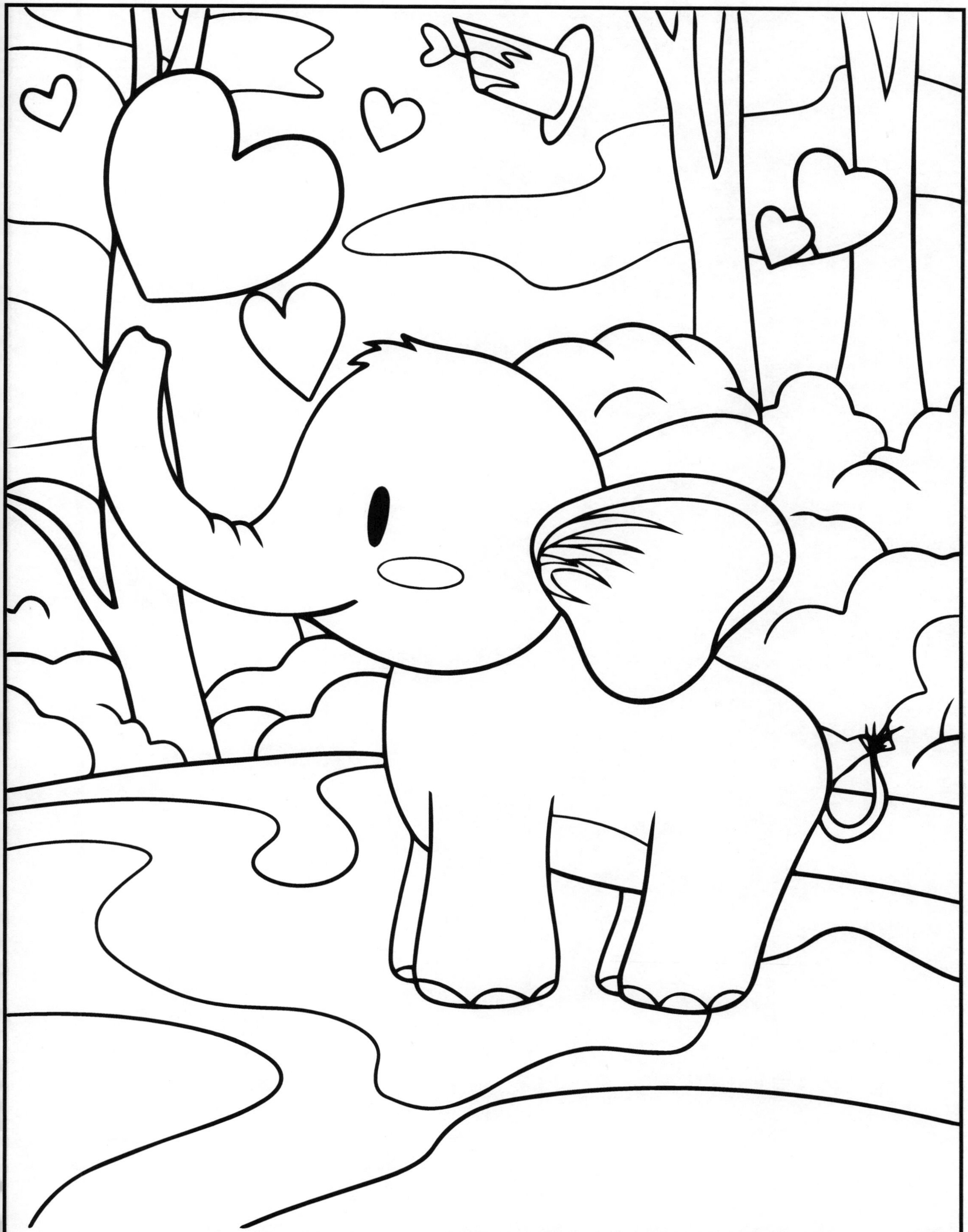

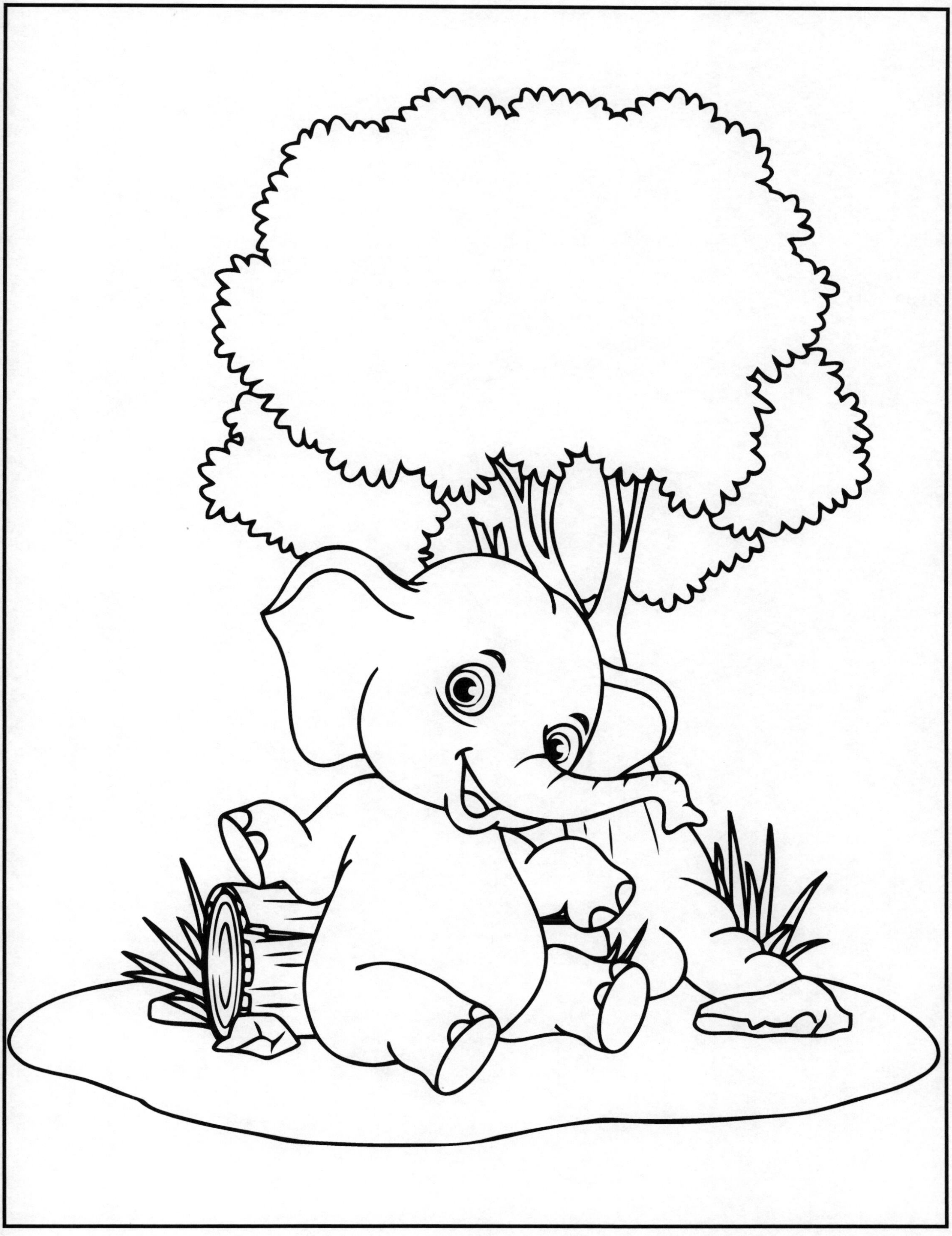

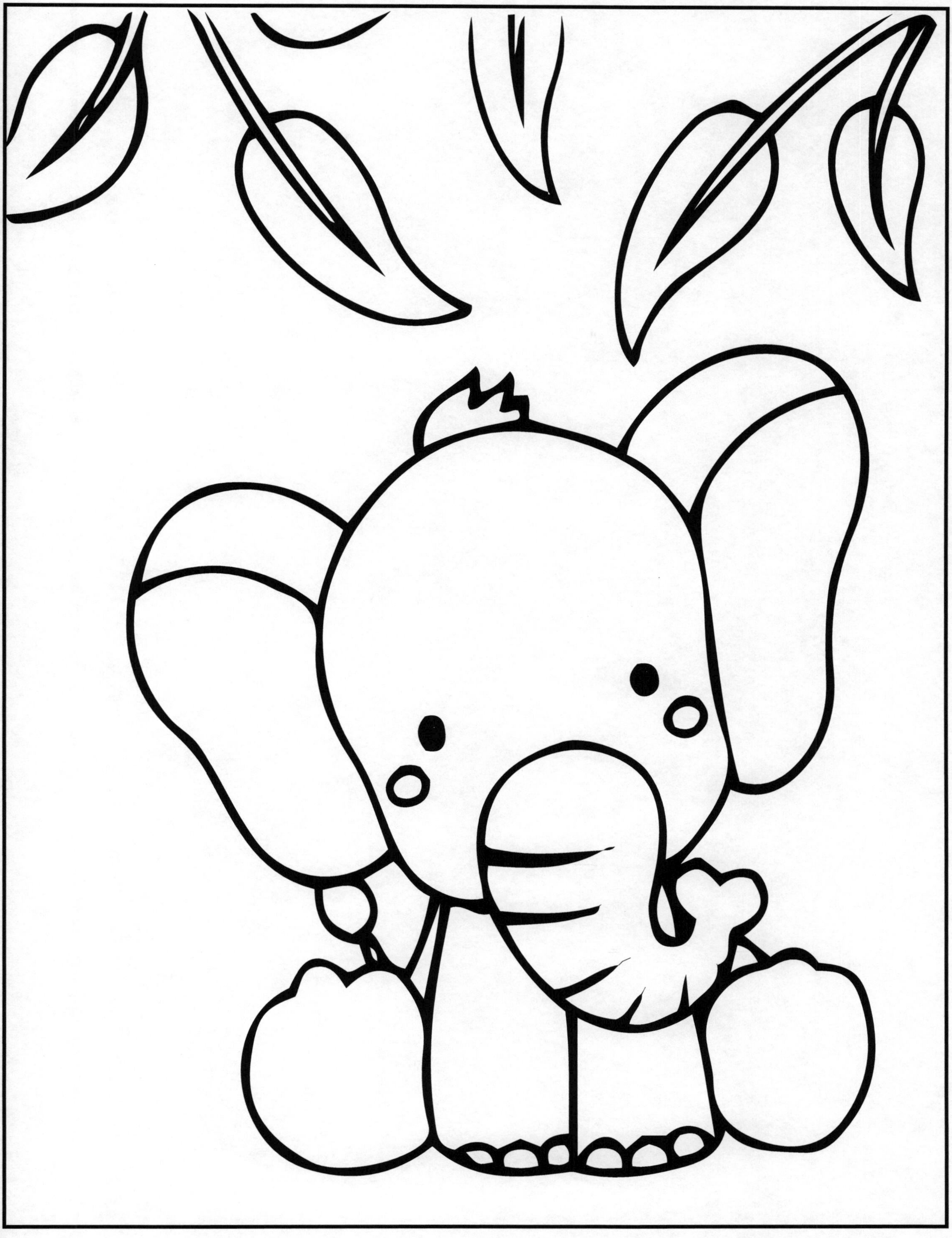

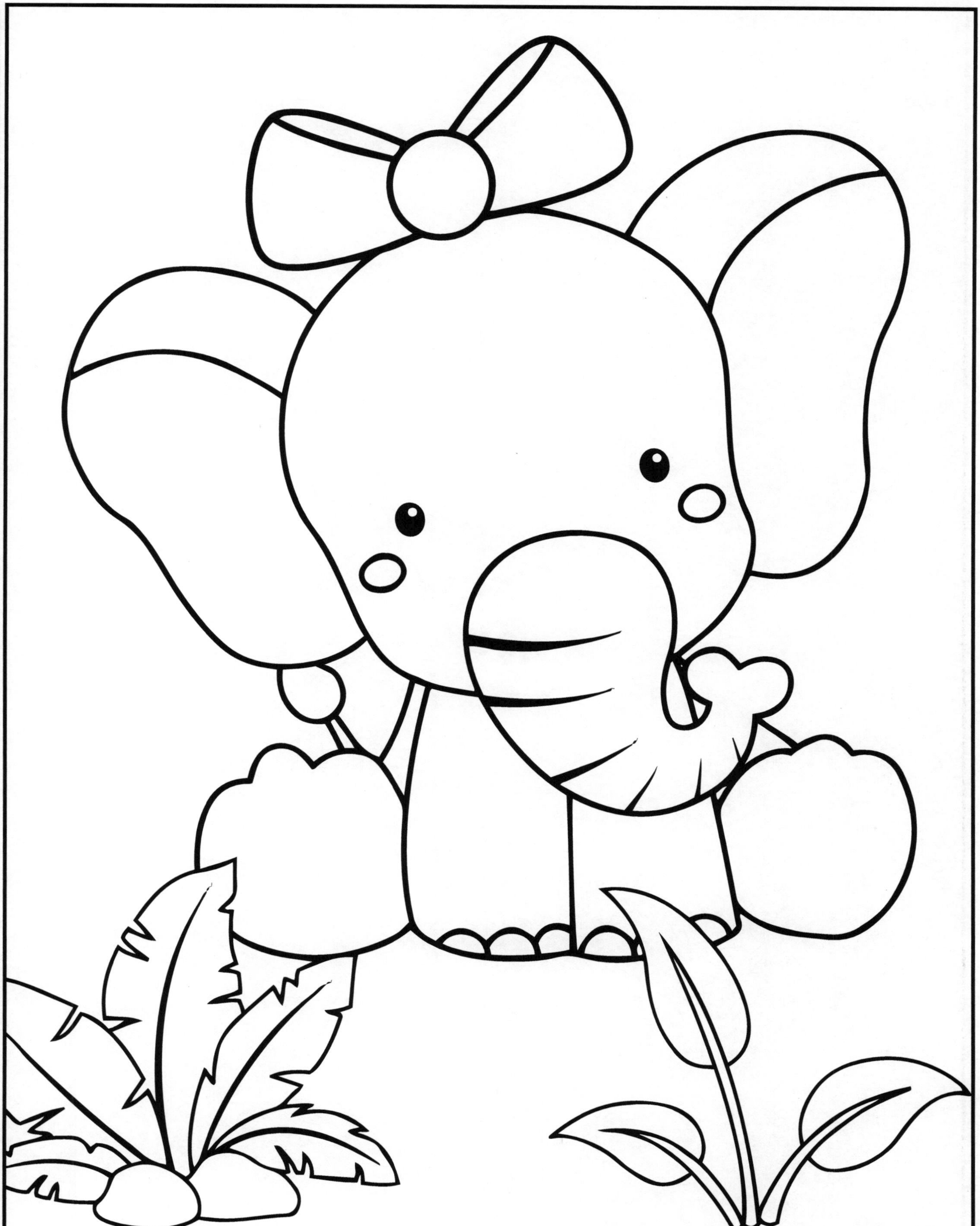

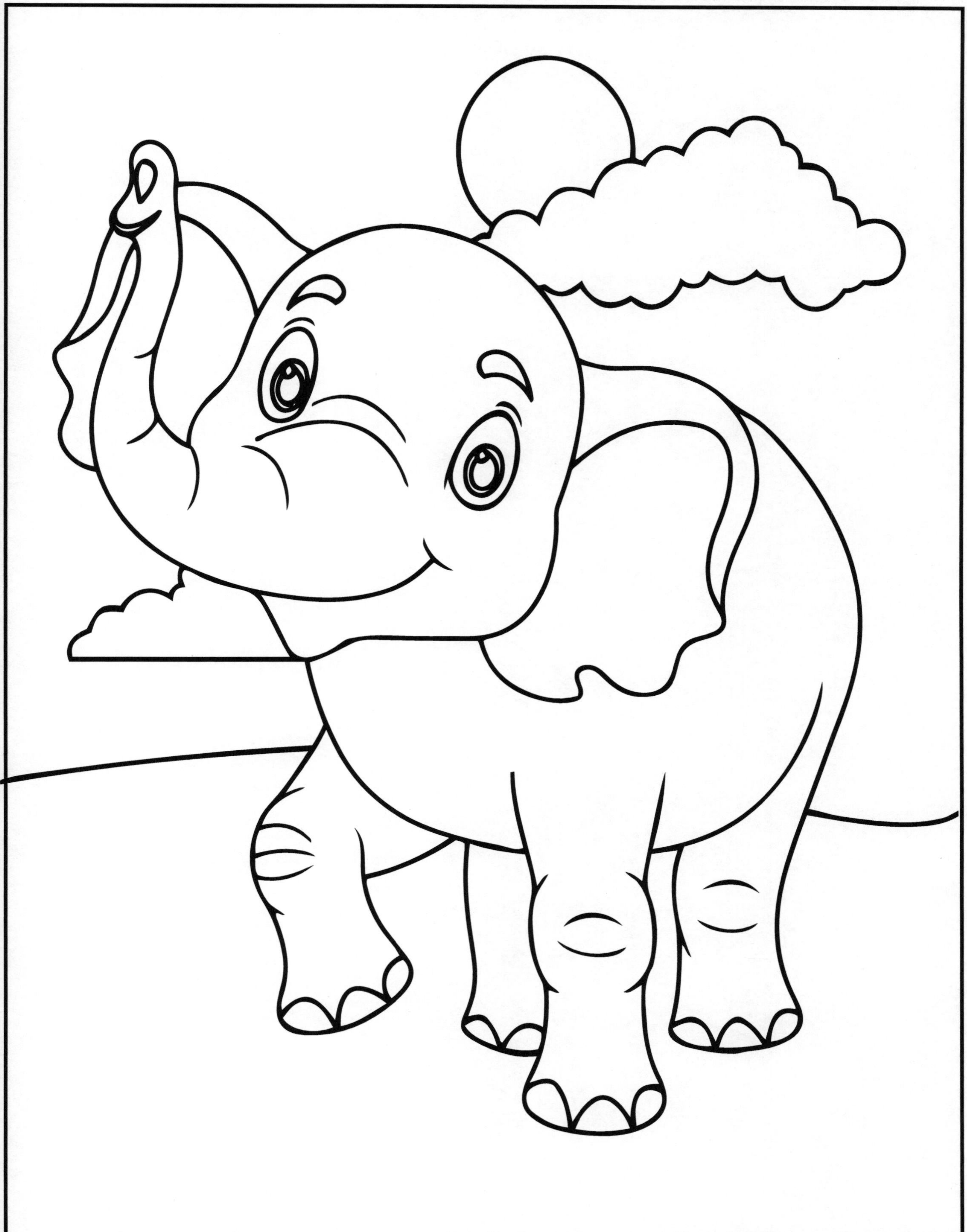

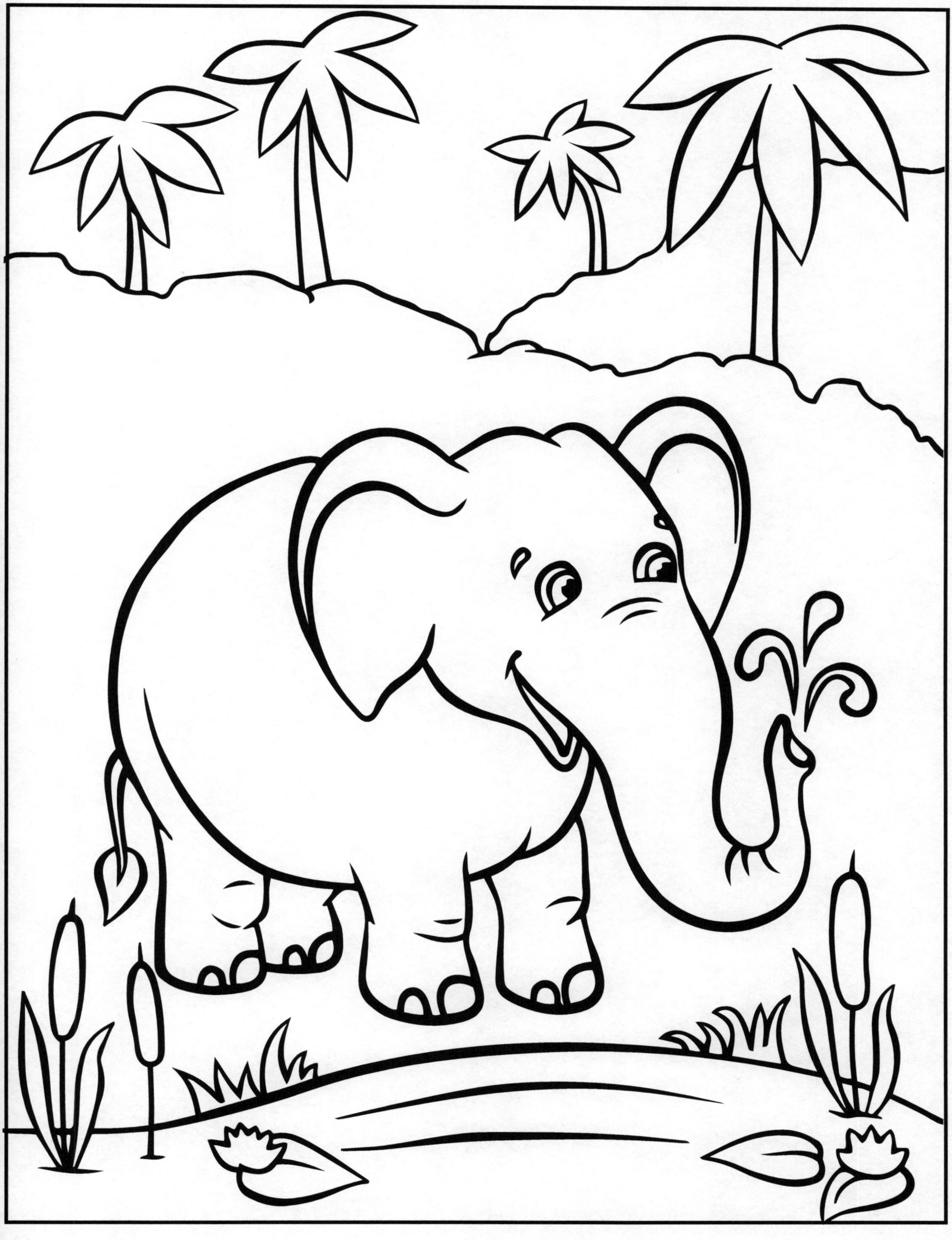

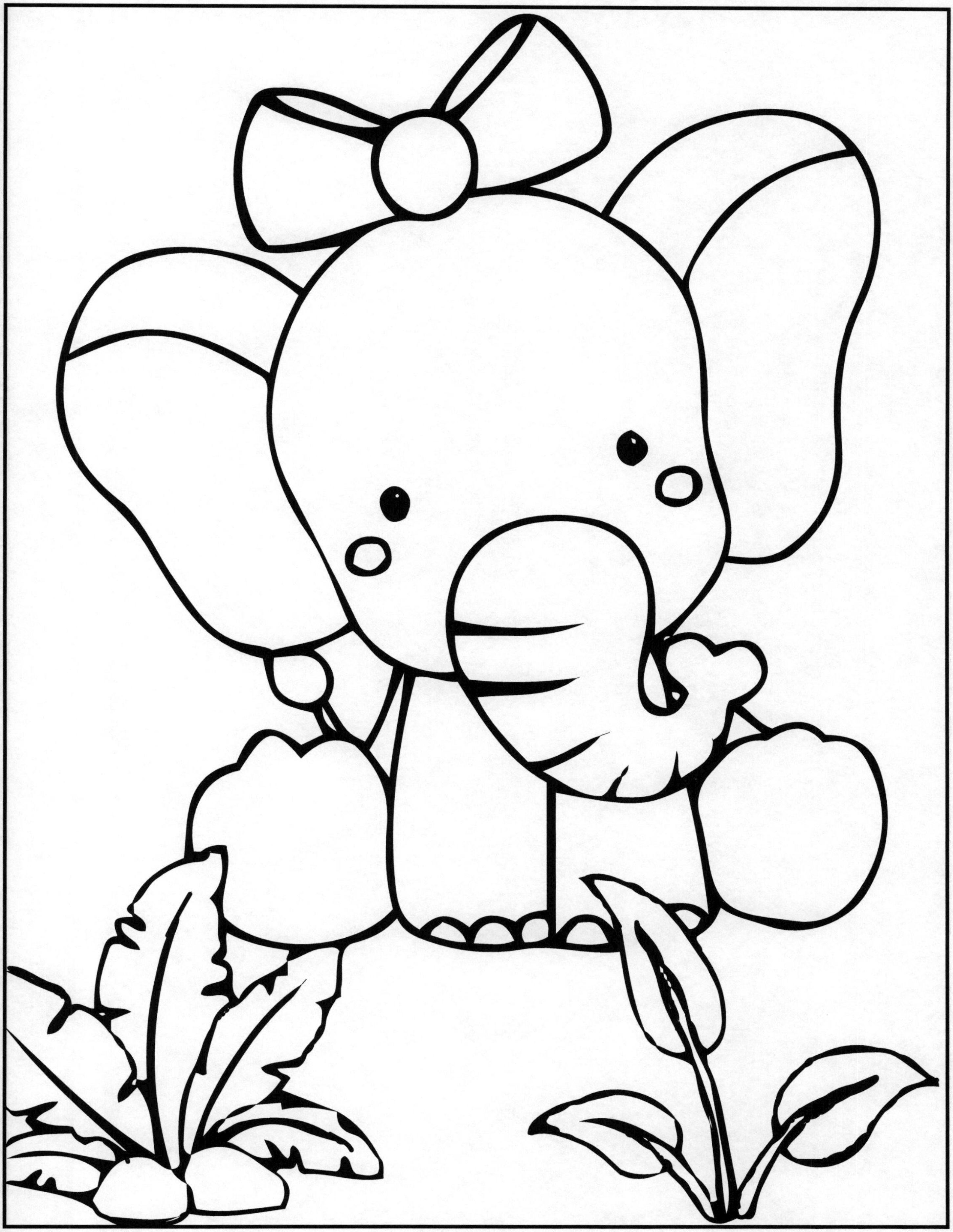

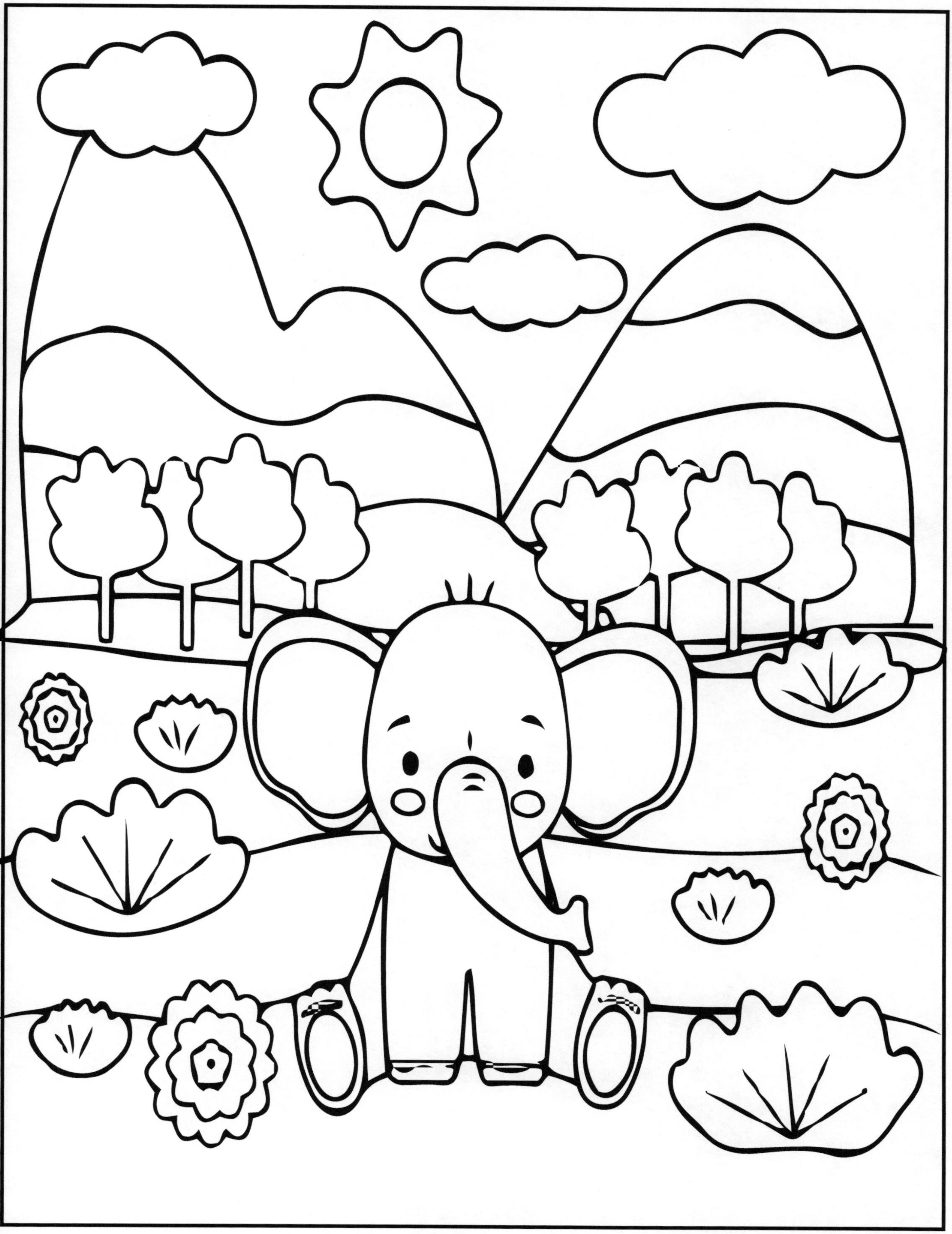

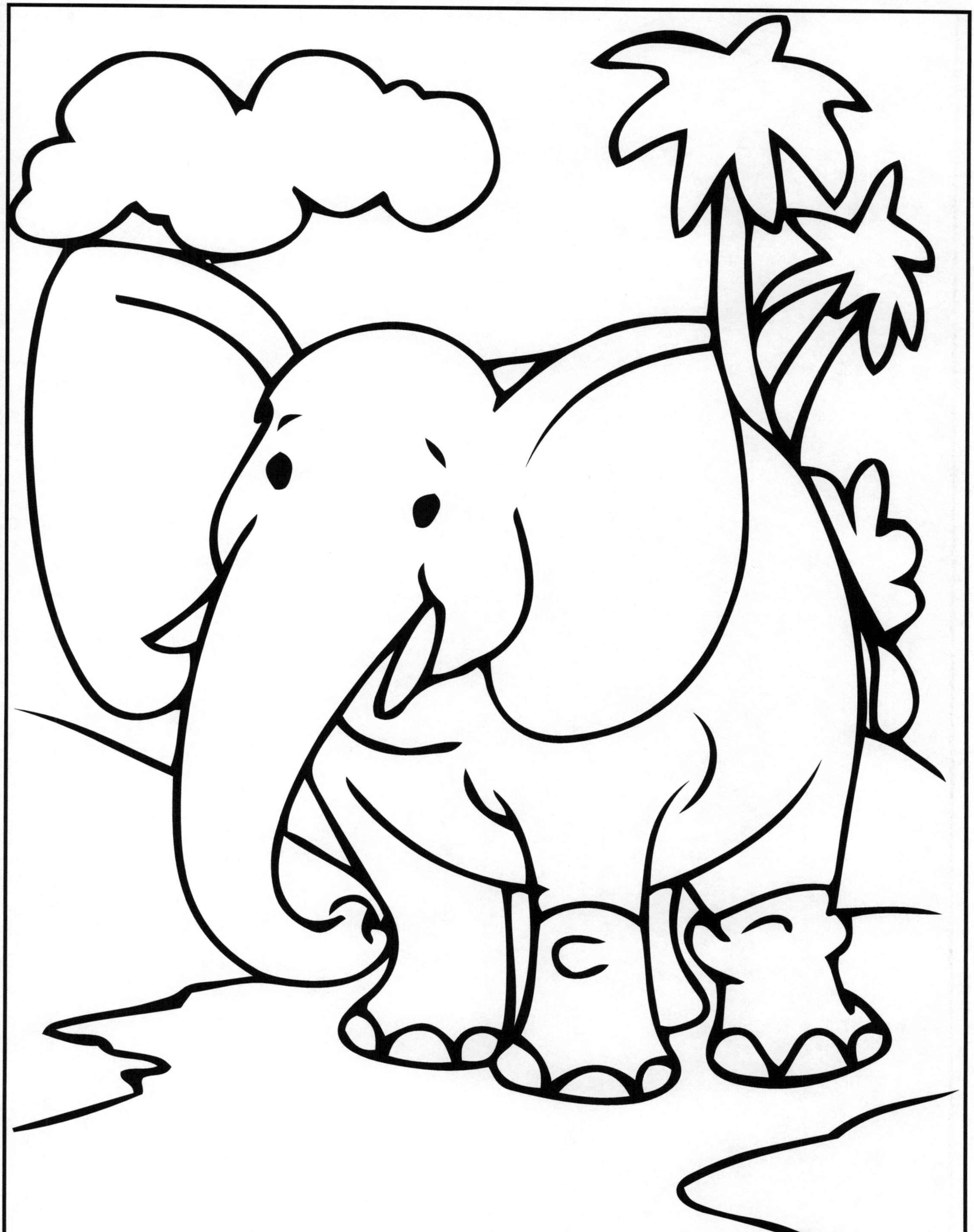

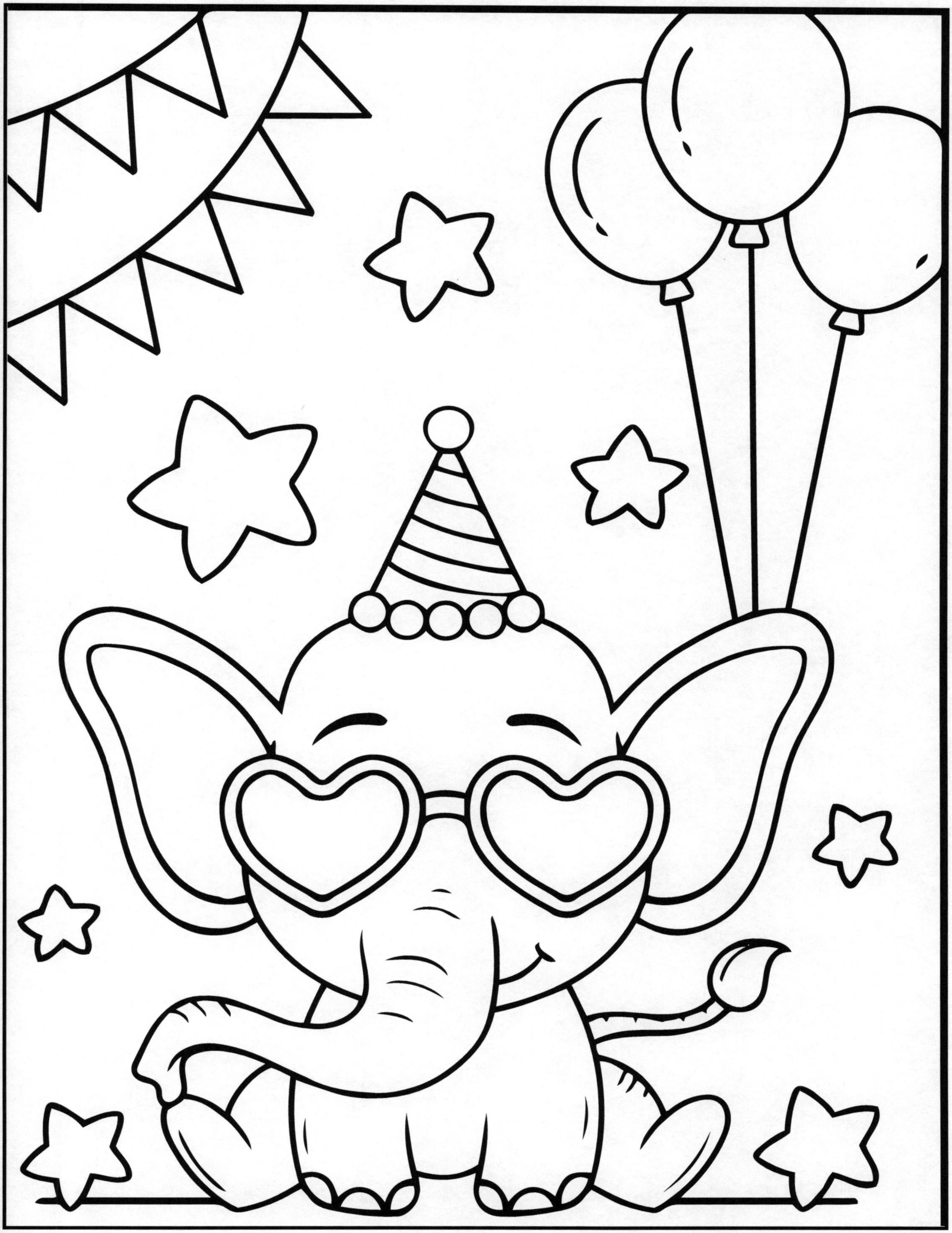

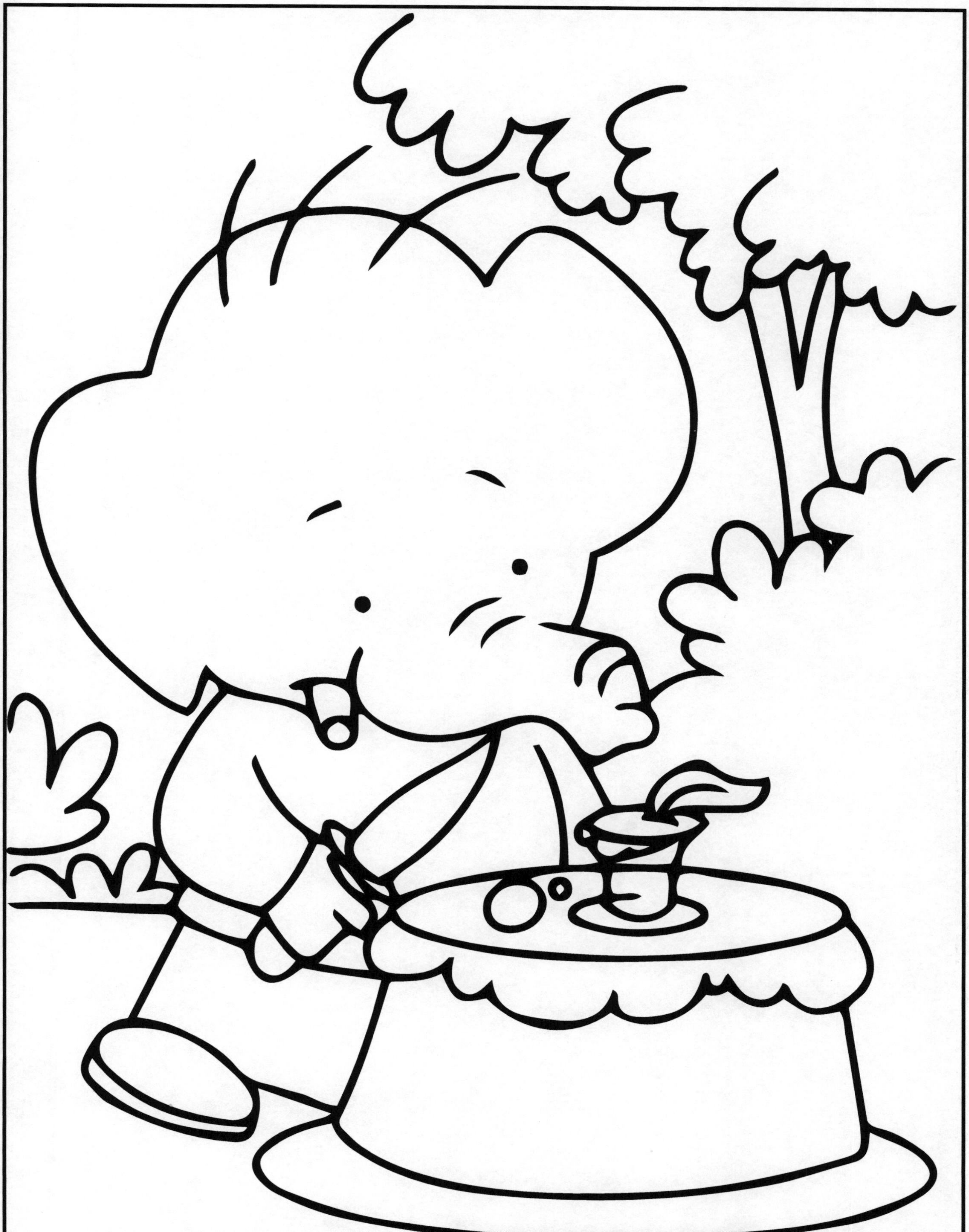

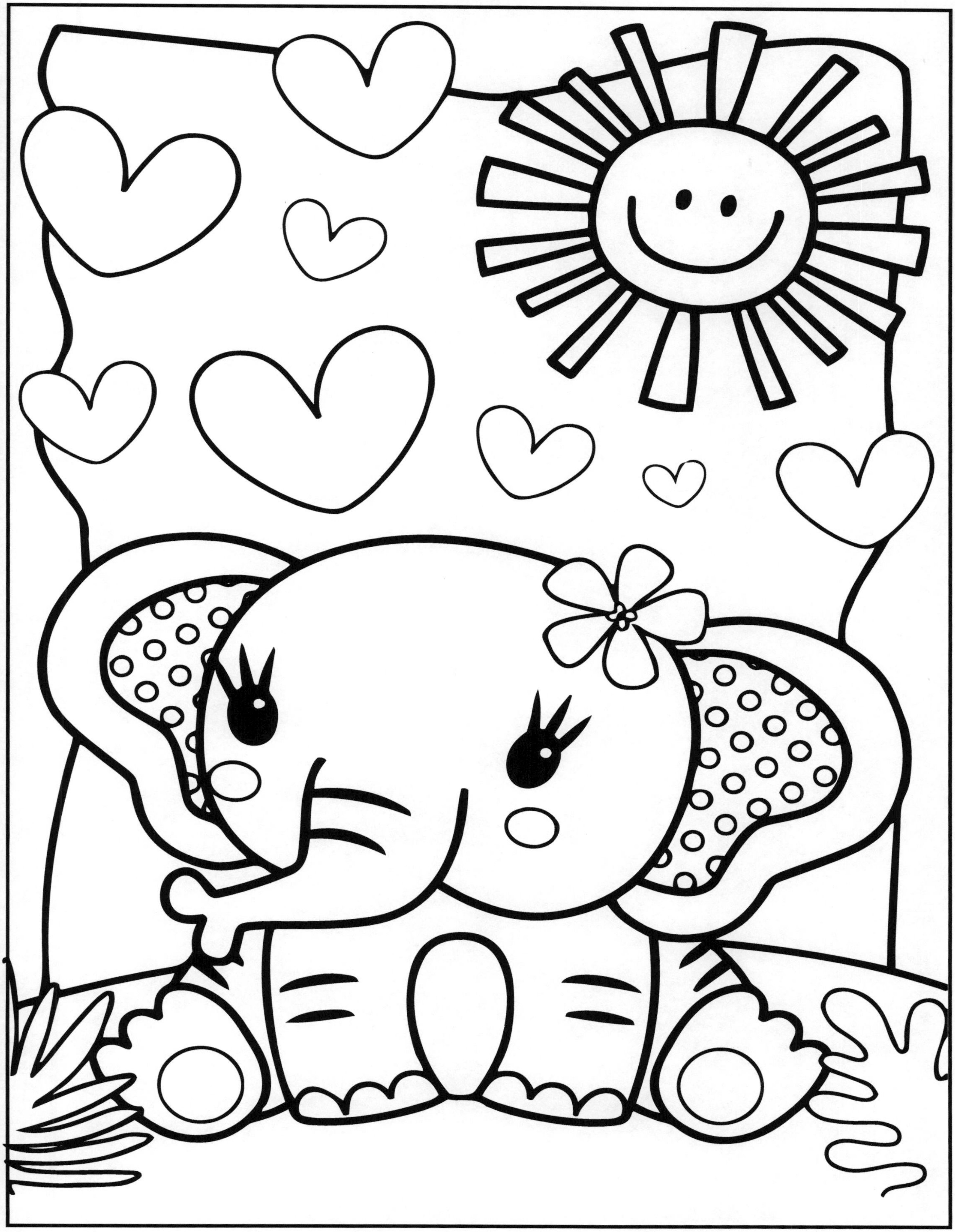

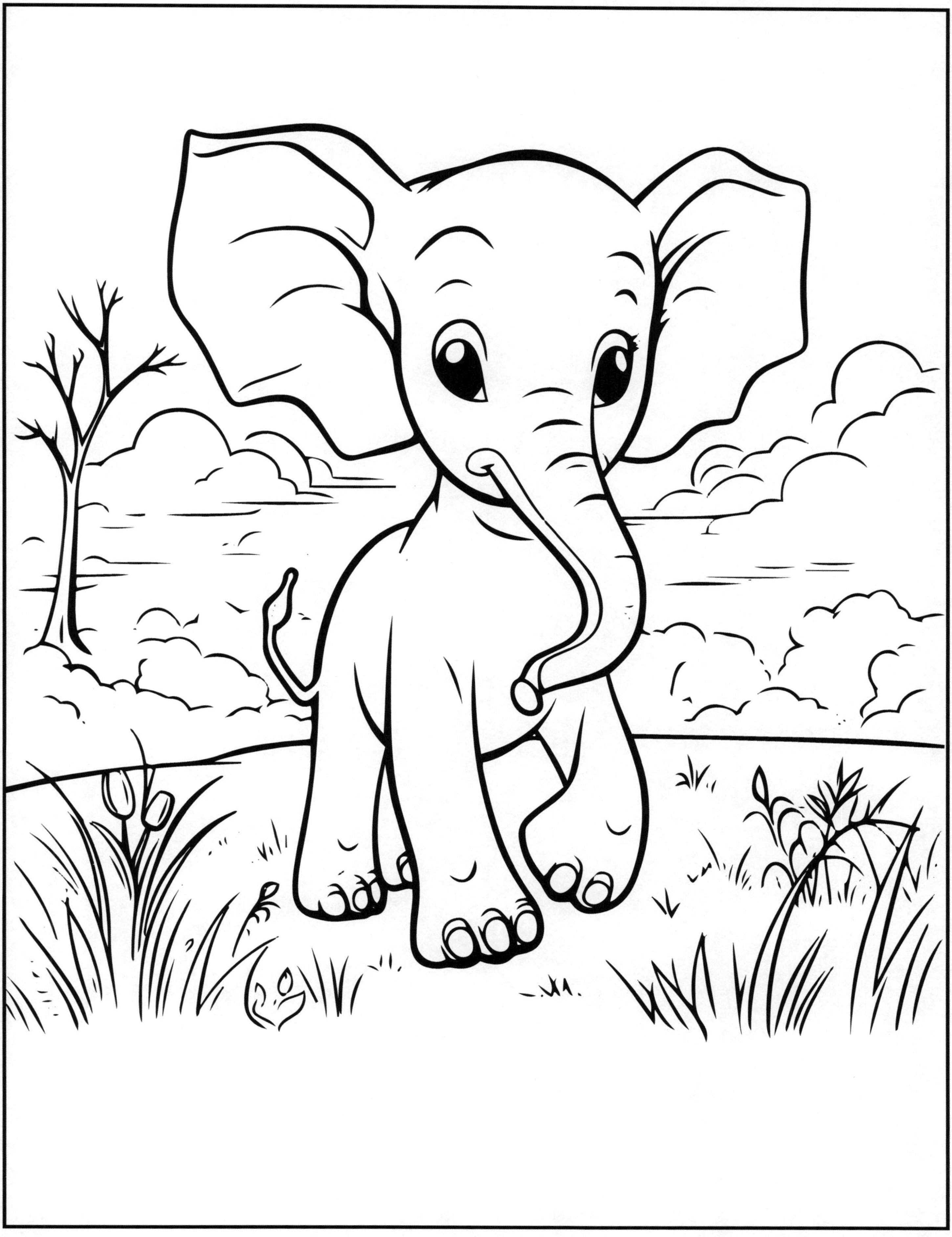

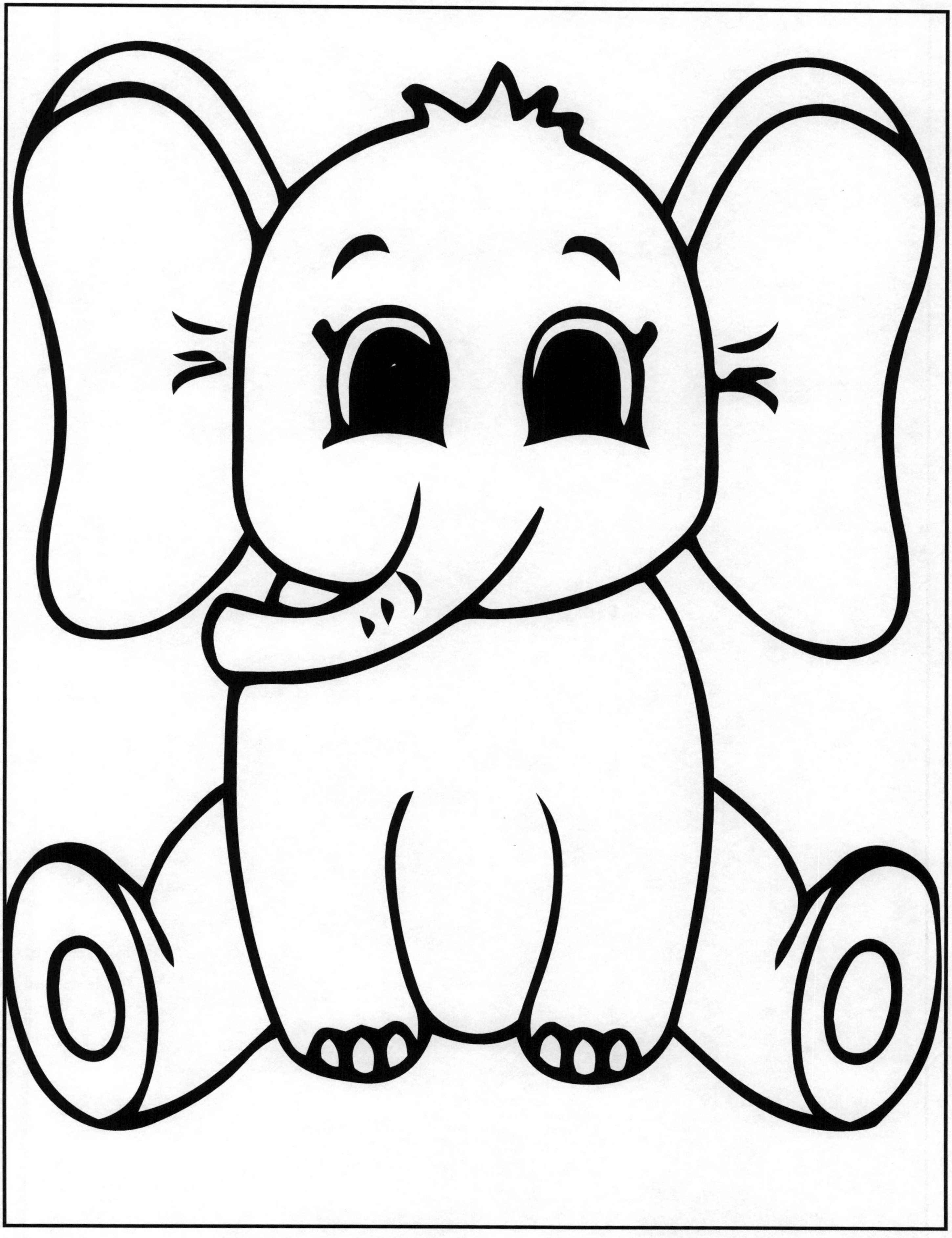

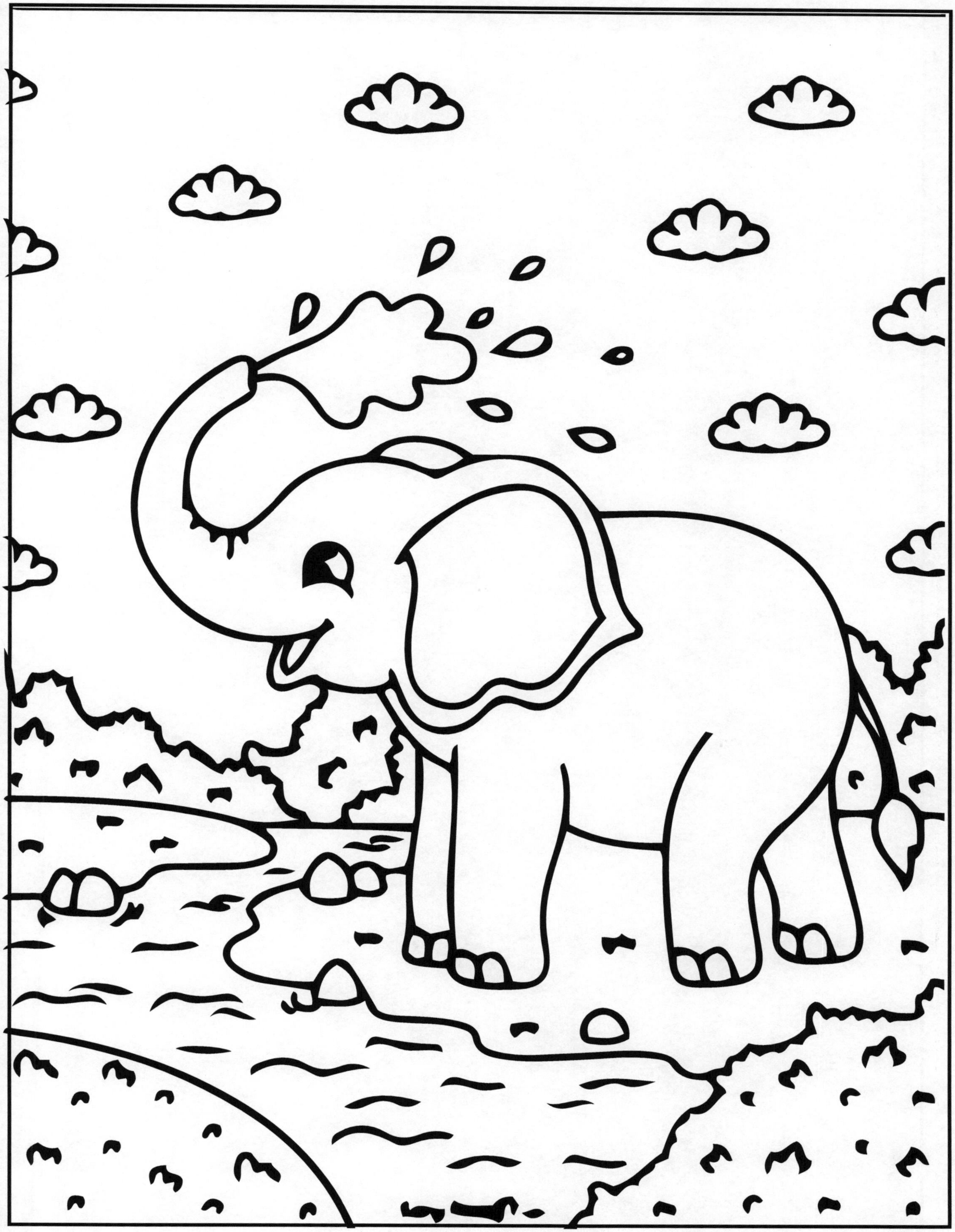

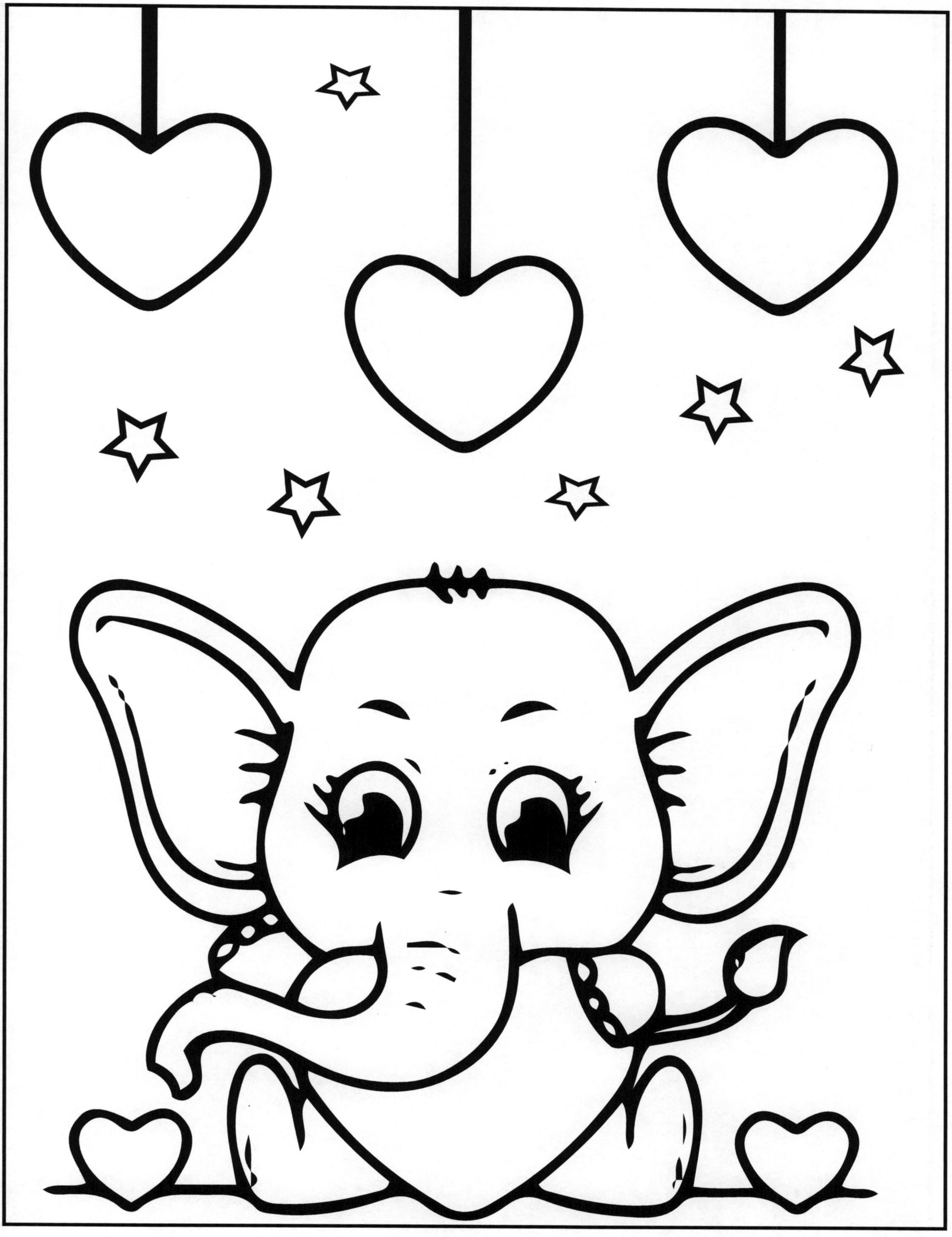

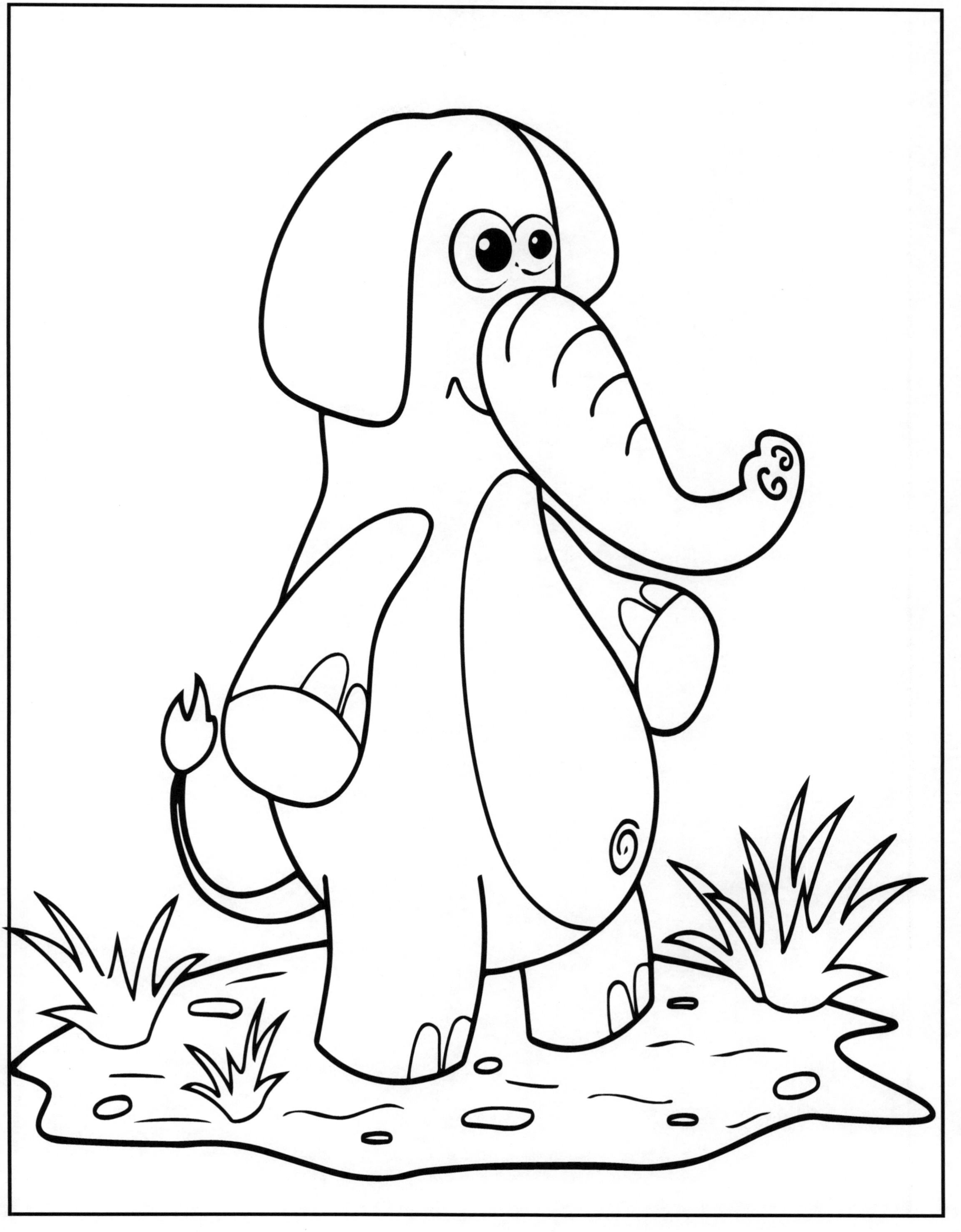

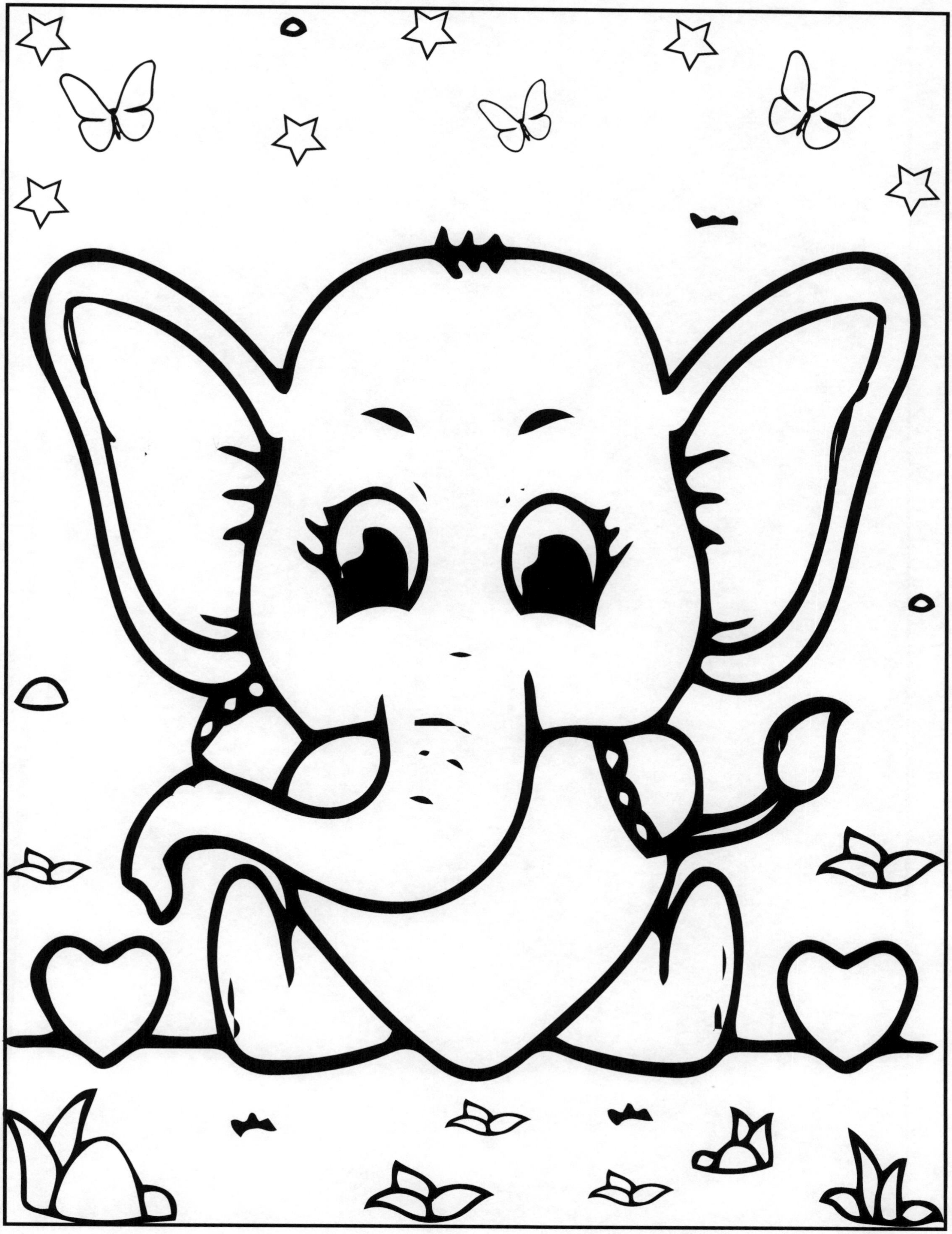

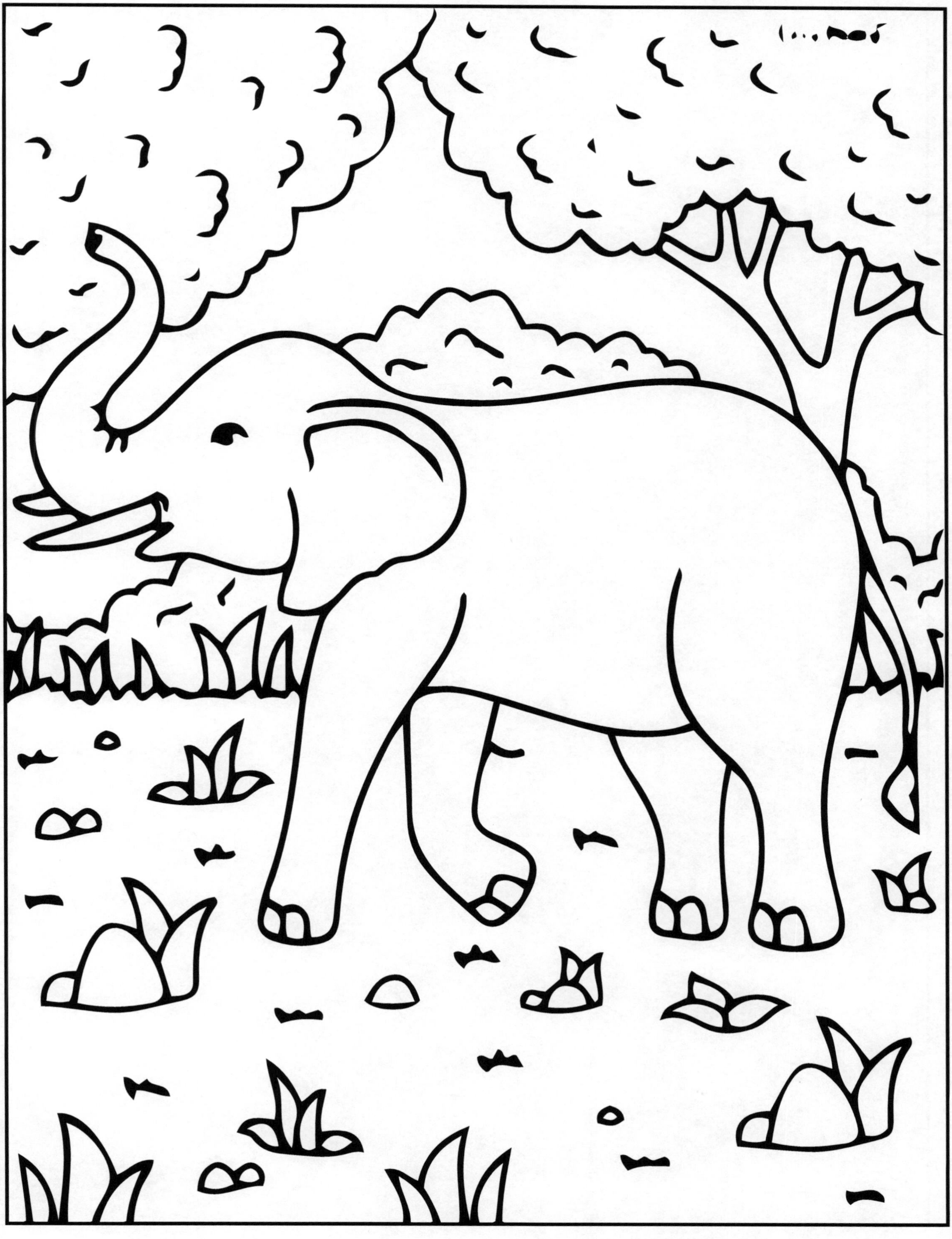

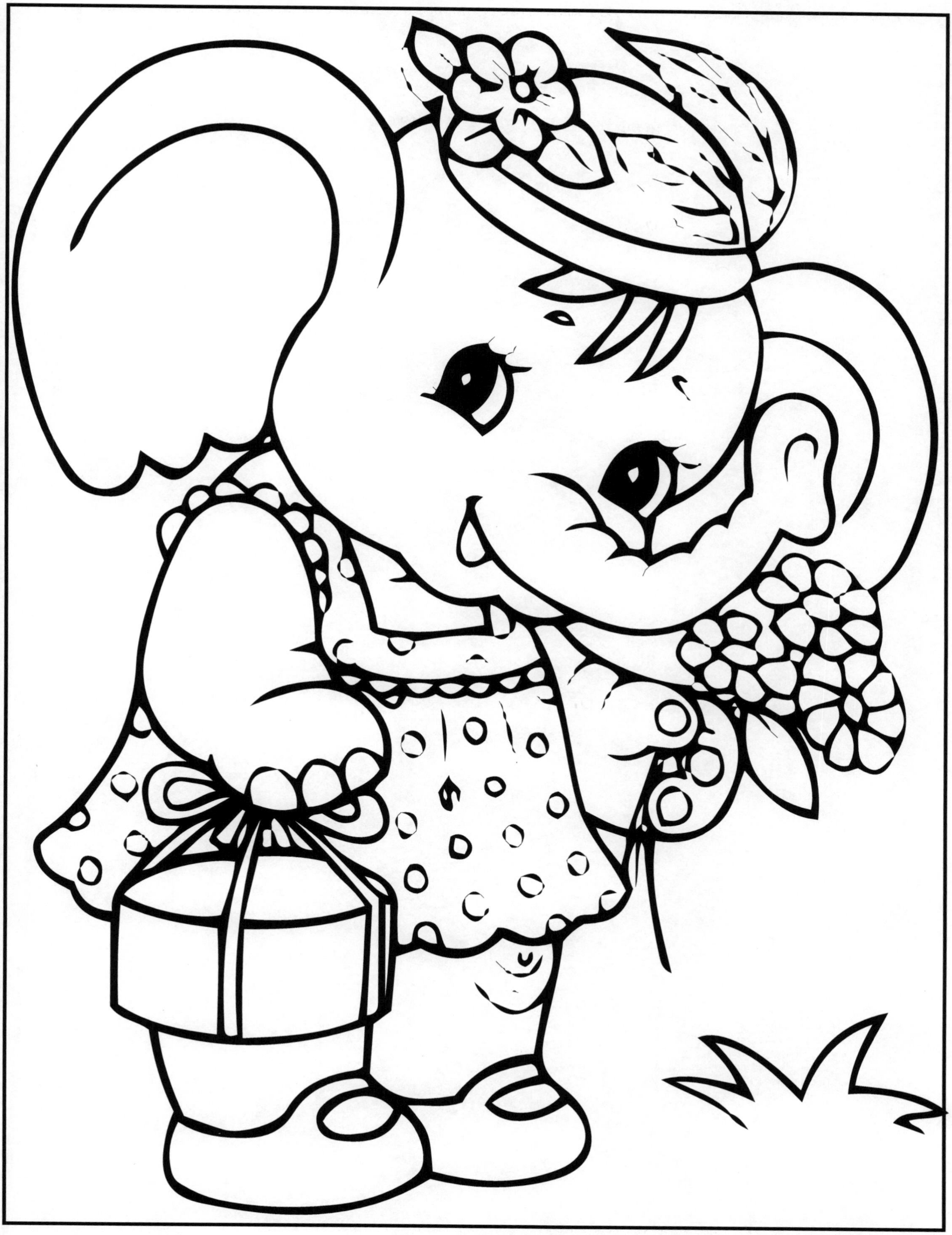

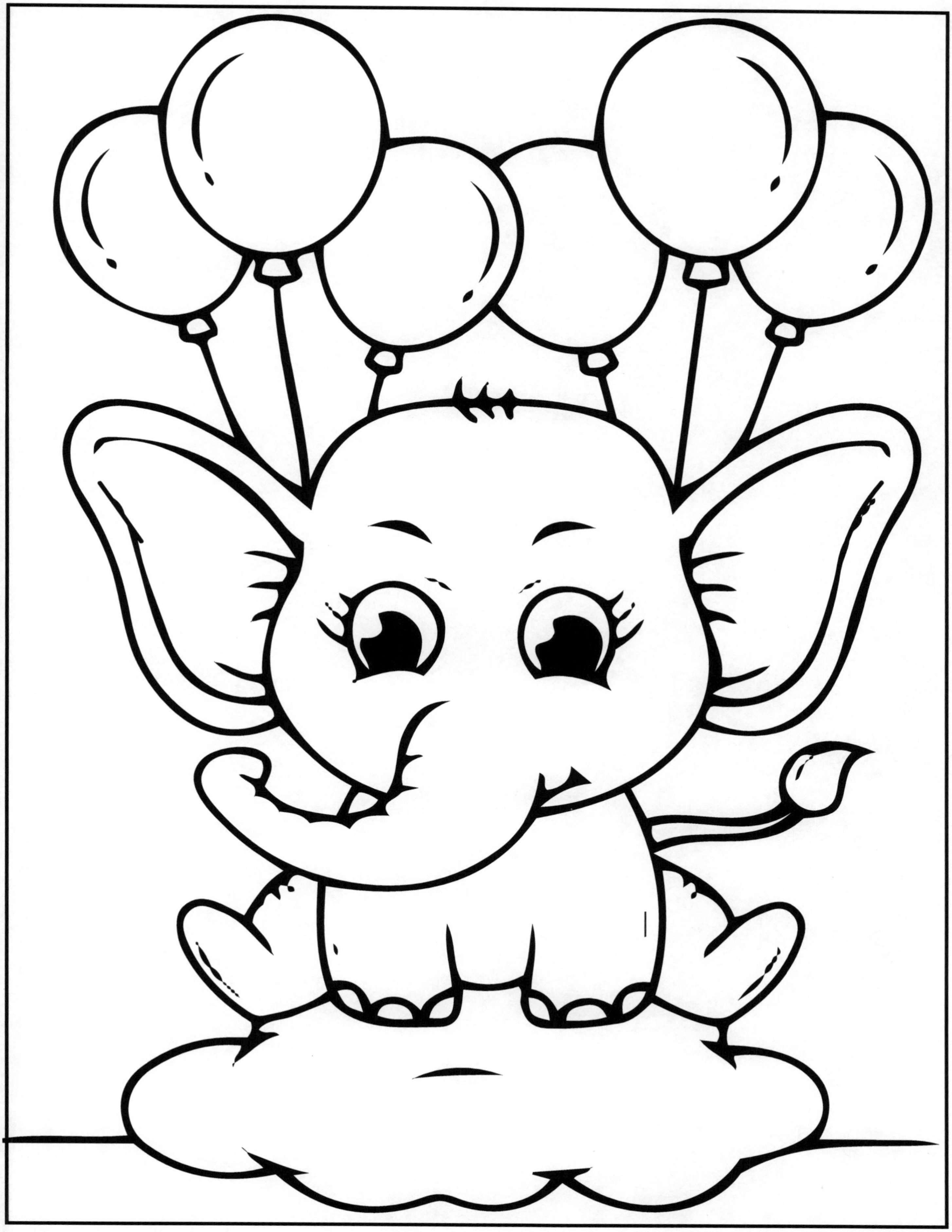

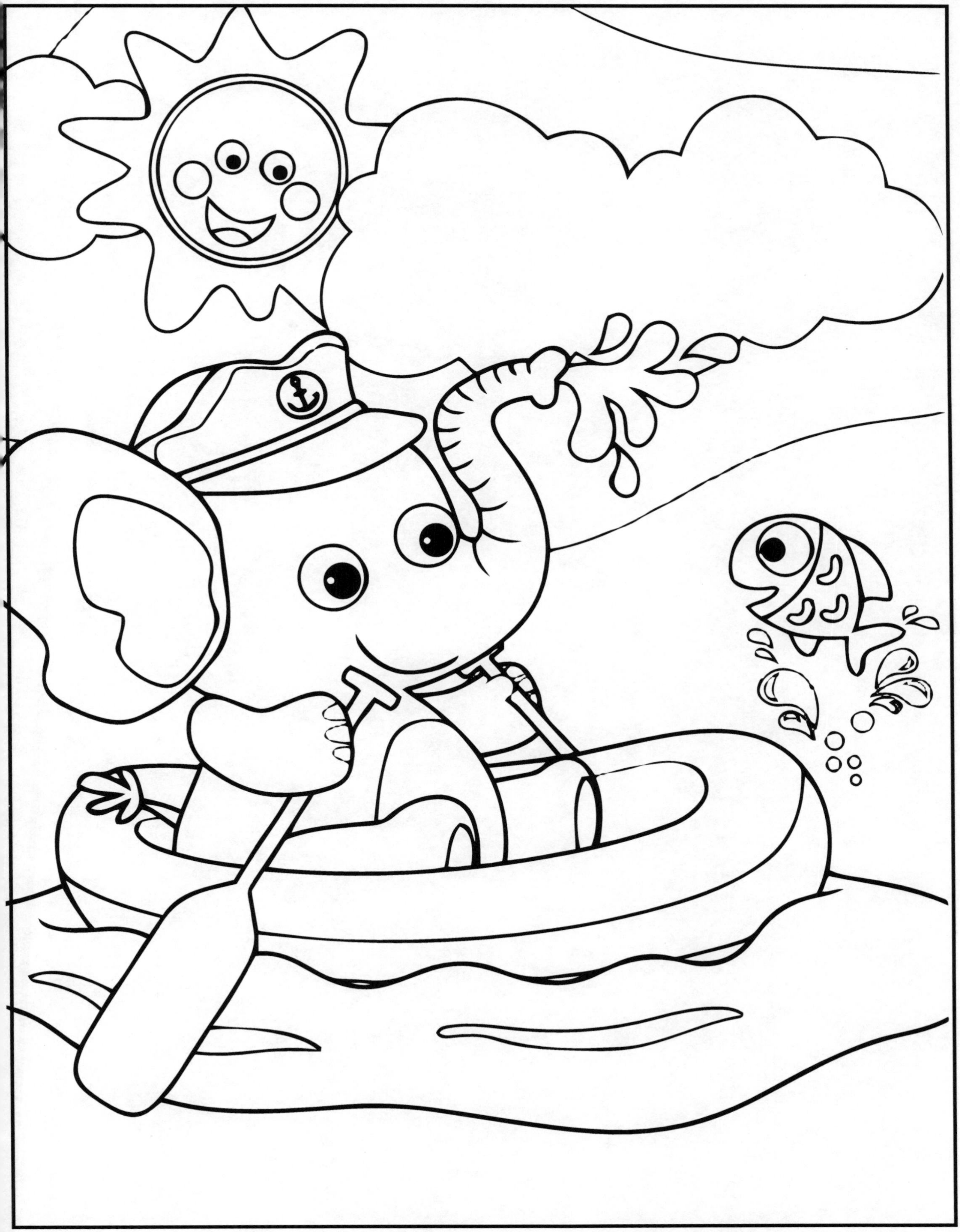

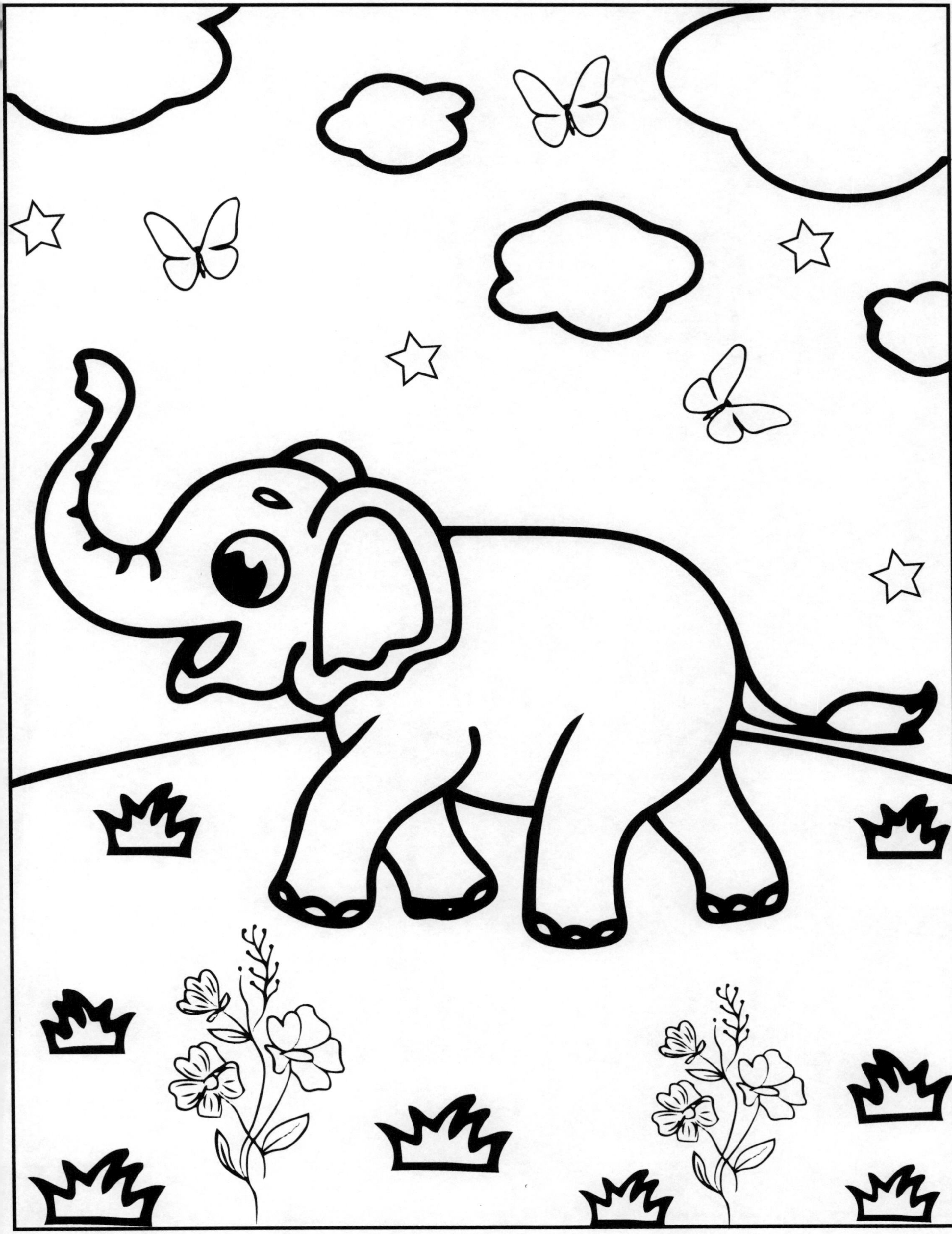

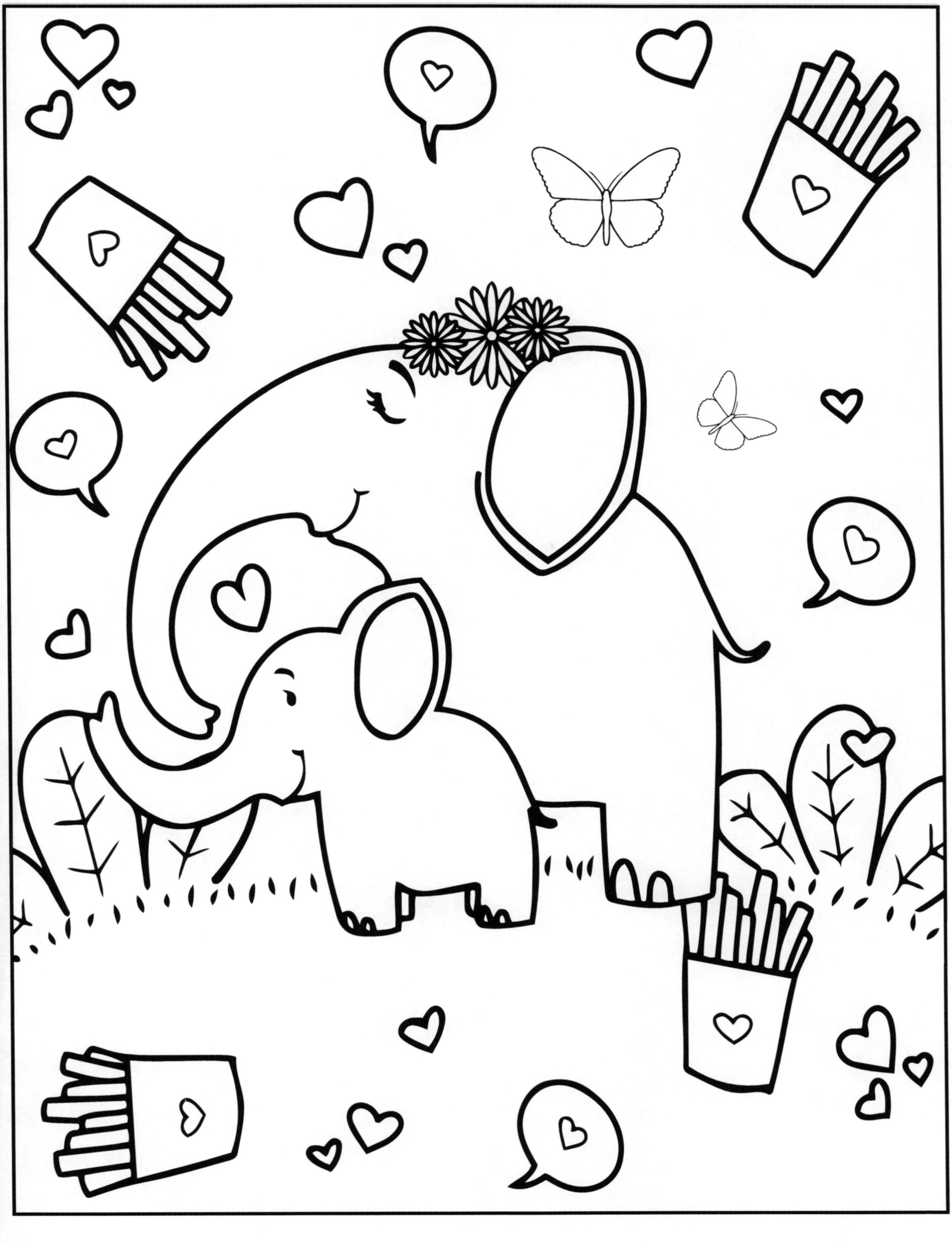

Made in the USA
Monee, IL
20 April 2024

57231101R00035